ÉPANOUISSEMENT DE LA FLEUR

OU

ÉTUDE SUR LA FEMME DANS L'ISLAM

PAR

LE CHEIKH MOHAMMED ESSNOUSSI

Juge à la première chambre du Tribunal pénal
Juge suppléant au Tribunal mixte

TRADUITE DE L'ARABE

PAR

MOHAMMED MOHIEDDIN ESSNOUSSI ET ABD EL KADER KEBAÏLI

Fils de l'auteur, ancien élève du Lycée Carnot
Étudiant à l'École des Sciences politiques, à Paris

Neveu de l'auteur, élève du Lycée Carnot

TUNIS

IMPRIMERIE RAPIDE, RUE DE CONSTANTINE

1897

Don de l'auteur

ÉPANOUISSEMENT DE LA FLEUR

OU

ÉTUDE SUR LA FEMME DANS L'ISLAM

ÉPANOUISSEMENT DE LA FLEUR

OU

ÉTUDE SUR LA FEMME DANS L'ISLAM

PAR

LE CHEIKH MOHAMMED ESSNOUSSI

Juge à la première chambre du Tribunal pénal
Juge suppléant au Tribunal mixte

TRADUITE DE L'ARABE

PAR

MOHAMMED MOHIEDDIN ESSNOUSSI
Fils de l'auteur, ancien élève du Lycée Carnot
Étudiant à l'École des Sciences politiques à Paris

ET

ABD EL KADER KEBAÏLI
Neveu de l'auteur, élève du Lycée Carnot

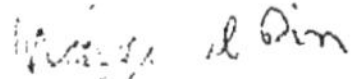

TUNIS

IMPRIMERIE RAPIDE, RUE DE CONSTANTINE

1897

Tunis, le 29 novembre 1896.

A mon cher et savant ami Monsieur Jaulmes, professeur au Lycée Carnot, à Tunis.

MONSIEUR ET CHER AMI,

J'ai l'honneur de vous écrire la présente lettre pour vous remercier d'avoir bien voulu prendre la peine de corriger la traduction de l'article que j'ai écrit en arabe sur la femme musulmane et auquel j'ai donné pour titre: L'Epanouissement de la Fleur *ou* Les droits de la femme au point de vue islamique.

L'ardeur que vous avez apportée à l'étude du manuscrit arabe et l'intelligence pénétrante dont vous avez fait preuve en corrigeant cette traduction méritent toute ma reconnaissance et l'amitié sincère que je vous ai vouée. Aussi dois-je vous remercier, au nom de mes lecteurs français, qui s'intéressent aux choses musulmanes, d'avoir travaillé à leur offrir un texte clair et correct. Désirant leur faire connaître le service que vous leur rendez, je vous prie de bien vouloir honorer cette traduction en me permettant d'y publier, en guise de préface, cet humble remerciement, que je vous prie d'agréer avec mes amitiés bien sincères.

MOHAMMED ESSNOUSSI,

Juge à la première chambre du Tribunal pénal,
Juge au Tribunal mixte.

Biographie du cheikh Essnoussi

Le cheikh Essnoussi appartient à une ancienne famille de la Régence. Son aïeul fut *mufti* (membre du Tribunal religieux du rite malékite), à l'époque où les Husséinites commencèrent à régner sur ce pays. Plusieurs membres de cette famille ont acquis depuis lors une grande célébrité dans la Régence comme cadis ou jurisconsultes.

Le cheikh Mohammed ben Othman Essnoussi naquit à Tunis le 22 kaâda 1267 (18 septembre 1851). Il suivit à la Grande-Mosquée de l'Olivier les cours élémentaires, moyens et supérieurs, et obtint le *mutaoua* le 4 rabi-ettani 1287 (4 juillet 1870). A la même époque, il fut nommé notaire. Dix-huit certificats *(idjazah)* lui furent délivrés par les savants de Tunis, d'Egypte, de La Mecque et de Damas.

Cheikh à la Grande-Mosquée, il y donna de 1287 à 1303 (de 1870 à 1886) l'enseignement primaire, moyen et supérieur, et plusieurs de ses élèves sont aujourd'hui professeurs à la Grande-Mosquée de l'Olivier, secrétaires au Gouvernement Tunisien, etc. En 1288 (1871), il fut choisi comme précepteur du prince Sidi Ennaser-Bey, fils de Son Altesse Mohammed-Bey, et exerça ces fonctions jusqu'en 1299 (1882). Ayant terminé ses études, Son Altesse Sidi Ennaser-Bey chargea son cheikh de l'administration de ses biens.

Il composa, de 1287 à 1292 (1870-75), les *Medjmâ Eddaouaïn Ettounsia* (Biographies des poètes tunisiens et notices sur leurs ouvrages), en vingt volumes, renfermant des poésies de ces auteurs.

Secrétaire de l'Administration des *Habous* de rabi-el-aouel 1291 à 1302 (de mai 1874 à 1885), il fut envoyé en mission pour organiser les habous dans les territoires du sud, du Sahel et de Kairouan, au mois de kaâda 1291 (décembre 1874). Revenu à Tunis, au mois de rabi-el-aouel 1292 (avril 1875), il fut chargé de la correction des ouvrages publiés par l'Imprimerie officielle. L'année suivante, au mois de châban (septembre 1876), on lui confia la rédaction du *Journal Officiel (Erraïd-Ettounsi)*, tout en le maintenant dans les fonctions de secrétaire de l'Administration des Habous, jusqu'au mois de châban 1302 (juin 1885). La même année, c'est-à-dire en 1293 (1876), il réunit et commenta les *Divan chêr ech Cheikh Kâhadou* (Poèmes du célèbre cheikh Kâhadou), en deux volumes.

Au mois de kaâda 1295 (novembre 1878), Son Altesse Sadok-Bey lui accorda, comme distinction honorifique, le grade de commandeur du Nicham Iftikhar. Il composa la même année deux ouvrages intitulés *Ghourar-il-Faraïd-Bimahassein-Irraïd* (Choix d'expressions employées dans le *Journal Officiel Tunisien)*, et *Moukhaoualat-el-Achra* (Notions scientifiques préliminaires, en dix entretiens). Il fit imprimer ensuite un ouvrage de son aïeul, le cadi Essnoussi, sur le droit musulman.

En 1297 (1880), il écrivit sa *Dourrat-il-Aroudh* (Perle de la prosodie), et un commentaire, *Kachf-el-Goummoudh* (Solution des difficultés). Ces deux livres furent approuvés par le Conseil des études de la Mosquée. Cette même année il donna *Mousamarat-Iddârif,* en quatre volumes (Histoire des savants de la Régence). Il quitta ses fonctions de rédacteur du *Journal Officiel* le 5 radjeb 1298 (3 juin 1881), et, le 6 radjeb 1299 (24 mai 1882), il partit pour un grand voyage en Italie et à Constantinople, La Mecque, Médine, Beyrouth et Damas. Il revint ensuite à Tunis, en 1300 (1883), et écrivit trois beaux volumes sur son voyage ; ils ont pour titre *Errihlatel-Hidjaziah* (Impressions sur l'Hedjaz) ; l'auteur y a réuni des matériaux variés.

En 1301 (1884), il fut nommé professeur à la mosquée de Hammouda-Bacha.

En 1302 (1885), il fut choisi par les habitants de Tunis pour les représenter et leur servir de protecteur. — Il composa cette même année *Touhfatoul akhiar bi Maouled el Mokhtar* (Le cadeau des honnêtes gens, à l'occasion de la naissance du Prophète).

Le 14 ramadan 1303 (16 juin 1886), il fut nommé secrétaire arabe du Tribunal mixte ; le 7 kaâda 1304 (28 juillet 1887), rédacteur à la section des affaires civiles du Gouvernement Tunisien, et, le 23 hidja (12 septembre 1887), notaire arabe au Tribunal civil de Tunis ; il composa alors un volume de *Recherches sur la conformité de la loi immobilière avec les décisions du Chaâra,* qui a pour titre *Mattelaâou Eddarari* (Le lever des planètes). Vu l'importance de ce livre, le Gouvernement Tunisien a bien voulu le publier à ses frais, afin d'en faire profiter le public ; il a même obtenu les suffrages de l'Institut de France.

Sur la demande de M. Zeiss, premier président de la Cour d'appel d'Alger, il s'occupa de rédiger la biographie des commentateurs de *Sidi Khlil* (livre de droit musulman) ; sur cette question, il écrivit en 1305 (1888) un volume qui a pour titre

Nidam el Madaïnah el Moufid, likital el asril gadid (Notions de droit à l'usage des nouvelles générations). C'est une œuvre à la fois littéraire et scientifique, le résultat des travaux de la section civile de l'Ouzara. L'auteur composa la même année *Erriadh Ennadirah Bimakhalatil Hadira* (Recueil des réflexions sur *El-Hadira*), dans l'intention de rendre service au Comité de rédaction de ce journal.

Par décret du 27 kaâda 1306 (25 juillet 1889), il fut nommé conseil de la veuve de Mohammed-Bey ; le 10 février 1889, juge à la première Chambre du Tribunal pénal de l'Ouzara, et, le 18 safar 1307 (14 octobre 1889), juge-suppléant au Tribunal mixte.

A la mort de Son Altesse Husseïn-Bey, fils aîné de Mohammed-Bey, et en vertu d'un décret beylical daté du 1er djoumadi-ettani 1308 (12 janvier 1891), il fut chargé de l'administration de ses biens et de ceux de ses trois fils.

Son voyage à Paris, pendant l'Exposition de 1889, lui a inspiré un livre intitulé *El Istellaât el Bariziah,* qui a été imprimé aux frais de l'Etat. Enfin, il a écrit en 1308 (1891) *El Maouridil Maïn bidhikril arbaïn* (Biographies des quarante amis de Sidi Bel Hasseïn), et a fait un recueil de ses poèmes qui a pour titre *Divan chêr ech Cheikh Essnoussi.*

Ses œuvres, prose et vers, lui ont valu les éloges d'un nombre considérable de savants et de poètes de tous les pays musulmans.

ÉPANOUISSEMENT DE LA FLEUR

OU

ÉTUDE SUR LA FEMME DANS L'ISLAM

Au nom de Dieu clément et miséricordieux !

Que la bénédiction de Dieu soit sur notre Seigneur et Maître Mohammed et sur ses parents !

Je loue Dieu, le Maître de l'Univers ; je salue et je bénis le meilleur des Prophètes, sa famille et tous ses compagnons.

Quelques personnes éminentes m'ont demandé de donner mon avis sur une question actuellement débattue et diversement comprise et résolue : *Les droits de la femme dans la religion musulmane.*

Voyant que ceux qui se sont occupés de cette question risquaient souvent de commettre des erreurs que doivent éviter des gens sérieux, j'ai résolu d'écrire cet opuscule, dans lequel j'ai essayé de bien défendre la vérité sur ce point et auquel j'ai donné pour titre : *L'Epanouissement de la Fleur, ou Etude sur la Femme dans l'Islam.*

J'ai voulu que cet ouvrage fût comme un salut adressé à la femme, et contînt l'exposé de ses droits.

Je commence ce travail par un compliment, et je traite mon sujet en un seul chapitre qui contiendra la réponse à la demande qui m'a été faite.

LE COMPLIMENT

J'adresse à la femme musulmane un salut tendre et respectueux.

La religion musulmane nous recommande d'être respectueux envers notre mère, tendres pour nos femmes et nos filles, de resserrer nos liens de parenté et de remplir nos devoirs à l'égard de nos proches.

Le Coran nous décrit les qualités des femmes des siècles passés et nous impose des devoirs envers nos contemporaines.

Nous saluons notre mère Eve et la prophétesse de Dieu Mariem (Marie), fille d'Omran, ainsi que toutes les envoyées de Dieu.

Nous ne méconnaissons point les qualités des femmes dont Dieu a raconté l'histoire dans le Coran. Parmi celles-ci, nous citerons Belkis, fille de Salom et reine de Saba, qui avait limité elle-même son pouvoir en décidant qu'elle ne prendrait aucune résolution avant d'avoir consulté les représentants de son peuple. Lorsqu'elle fut invitée par Soliman, elle leur dit : « Mes conseillers, indiquez-moi ce que je dois faire, car j'ai l'habitude de ne rien décider en votre absence. »

Les Arabes de la période anté-islamique se sont occupés de la femme ; on peut s'en convaincre en lisant leurs vers ; ils ont été même jusqu'à décider que toute poésie (et la poésie est la langue des Arabes, leur histoire, l'image de leur caractère et de leurs mœurs) devait commencer par une description de la belle femme, l'éloge de sa beauté, de la noblesse de sa famille et de sa vertu.

Ainsi, chez les Arabes, la poésie ne saurait mieux débuter qu'en parlant de la femme. Ceci donne une idée de la place qu'elle occupe dans le cœur des Arabes. La religion musulmane a déterminé ses droits, et le chef de l'Islam a dit : « Les femmes sont au nombre des choses que Dieu m'a fait aimer. » Aussi les femmes furent-elles l'objet d'une grande considération dans les siècles passés. Parmi elles, nous citerons la fille du Prophète, Fatma Ezzahra (semblable à une fleur), la mère des chérifs de l'Islam ; les femmes du Prophète, qui sont les mères des Musulmans ; les compagnes du Prophète, et les saintes aux vertus desquelles nous croyons.

Puissent-elles être agréables à Dieu !

Quant aux autres femmes, nous avons pour elles les égards que nous impose le caractère arabe vis-à-vis du sexe délicat.

L'auteur Mouslem rapporte ce qui suit, d'après Enes, le compagnon du Prophète :

« Dans l'un de ses voyages, le Prophète vit un nègre nommé Enjachatou, qui conduisait des chameaux montés par des femmes et disait une chanson pour exciter ses bêtes à marcher plus vite. Le Prophète lui dit alors : « O Enjachatou, conduis lentement ces *kaouarira.* » C'étaient les femmes montées sur les chameaux que le Prophète désignait ainsi.

Ce mot *kaouarira* veut dire proprement « objets de verre », et le Prophète l'a employé dans ce cas pour dire que les femmes sont délicates et fragiles. C'est cette idée que nous exprimons aujourd'hui en disant *le sexe faible.* Un poète arabe écrit : « La femme est une fleur que Dieu a créée pour vous, et tous vous aimez le parfum des fleurs. »

La femme est, pour le musulman, une fleur dont il se parfume et qu'il traite avec autant d'égards que les autres fleurs. « Les fleurs sont faites pour être senties et non froissées. » Le caractère arabe et musulman n'admet pas qu'on traite la femme avec rigueur et sévérité. Un poète arabe a dit à ce sujet : « Nous avons été créés pour les combats et la mort, et les belles femmes ont été faites pour laisser, en se promenant, le pan de leur robe traîner à terre. »

Telle est la condition de la femme arabe depuis treize siècles ; c'est sur ces bases que sont établis ses droits, que nous étudierons dans la partie principale de ce travail.

Mais, au préalable, un écrivain arabe peut-il rechercher quels ont été, dans le passé, les droits de la femme européenne, qui est aujourd'hui instruite et cultivée, et jouit d'une grande considération, qu'elle mérite du reste ?...

Ne connaissant que la langue arabe, je ne puis traiter ce

sujet. Je me contente de citer un article publié par le journal scientifique *El Moktatef,* dans sa sixième année, à l'occasion d'un livre de Mlle Chateauminois, intitulé : *La Femme a-t-elle une âme?* L'auteur de ce livre dit que les Pères de l'Eglise ont été d'une rigueur extrême à l'égard de la femme ; saint Jérôme écrivait dans une lettre : « La femme doit vivre dans la crainte du présent, l'ignorance du passé et l'attente de l'avenir. » Ce Père interdisait aux femmes la musique et disait qu'elles ne devaient s'occuper que de prier et d'obéir aux ordres de leur mari.

Un auteur du XVIe siècle a écrit un livre intitulé : *La Femme appartient-elle au genre humain?*

Le premier ouvrage traitant de l'éducation des femmes a été écrit au XIVe siècle par le chevalier de Latour-Landry. Cet auteur prétend que la femme sage doit craindre son seigneur et maître et se conformer à ses ordres, qu'ils soient justes ou injustes.

Au XVIe siècle, les catholiques, les protestants et les libres-penseurs partagaient cette opinion. Un théologien disait alors : « Bien que la femme appartienne à une autre espèce que la nôtre, elle jouit cependant de l'immortalité. »

D'après Nicole et Molière, la femme ne doit apprendre qu'à bien tenir son logis, à faire la cuisine et à soigner son mari.

Ainsi, les livres d'éducation faits alors à l'usage des femmes témoignent de leur complet asservissement au mari.

Telle a été, d'après notre auteur, la situation des femmes européennes qui, dans ces derniers siècles, ont acquis de l'instruction, écrit des livres, et reçu le nom de *sexe délicat.* Elles méritent du reste toutes les louanges qu'on leur adresse.

Nous laissons à l'auteur de cet article la responsabilité de ses assertions. Il faut se garder de croire que ces boutades et ces paradoxes de quelques écrivains reflètent un état d'esprit général et donnent une idée exacte du rôle des femmes dans la société contemporaine. Ce qu'on peut affirmer, c'est que, d'une manière générale, leur éducation a été longtemps fort négligée, surtout en comparaison de celle que reçoivent les femmes d'aujourd'hui ; mais cela ne veut pas dire qu'elles aient toujours été traitées en êtres inférieurs et qu'elles aient croupi dans une ignorance complète jusqu'à nos jours, et ce serait une erreur d'en accuser le christianisme, qui a travaillé au contraire à les émanciper. Le respect de la femme était un des articles essentiels du code de la chevalerie, et ce sentiment a trouvé son expression dans la poésie lyrique du moyen-âge, où l'amour revêt souvent une forme si délicate.[1]

Pour bien comprendre le but de cet ouvrage, il faut nous rappeler que tout homme a à l'égard de la femme des devoirs qu'il n'a pu accomplir jadis et dont il ne pourra s'acquitter dans l'avenir. En effet, n'est-ce pas la femme qui lui a donné le jour? n'est-ce pas elle qui l'a allaité de son propre sein? n'est-ce pas elle enfin qui, avec de tendres soins, lui a donné la première éducation? Aussi tous les musulmans instruits

(1) D'ailleurs, cette considération n'a été, pour beaucoup d'entre elles, que la juste récompense de leur talent et de leur instruction ; que de noms de femmes auteurs nous offre l'histoire de la littérature française depuis ses origines! Marie de France (XIIe siècle), Christine de Pisan (XIVe-XVe siècles), Marguerite de Navarre (XVIe siècle), et, au XVIIe siècle, Mlle de Scudéry, Mme de Motteville, Mlle de Montpensier, Mme de Sévigné, Mme de La Fayette, Mme de Maintenon, célèbres pour leurs romans, leurs mémoires ou leurs lettres. On sait quel rôle ont joué, dans le mouvement littéraire du grand siècle, ces fameux *salons,* dont l'Hôtel de Rambouillet a été le premier modèle, et où présidaient des femmes instruites et spirituelles comme la marquise et ses filles. La comédie de Molière à laquelle l'auteur de notre article fait allusion est même la meilleure preuve que cet amour de la science, ce goût des choses de l'esprit, s'étaient promptement généralisés, et que de simples bourgeoises prétendaient rivaliser d'érudition avec les grandes dames. D'ailleurs, Molière n'a jamais prétendu condamner des aspirations légitimes en soi ; il s'est contenté de ridiculiser les excès où tombaient trop souvent les *femmes savantes.* Sa pensée véritable, il ne faut pas la chercher dans les discours de Chrysale, que le travers de sa femme et de sa fille fait tomber dans l'excès contraire, et qui prétend

> ... qu'une femme en sait toujours assez
> Quand la capacité de son esprit se hausse
> A connaître un pourpoint d'avec un haut de chausse...,

mais bien plutôt dans ces paroles du raisonnable Clitandre :

> *Je consens qu'une femme ait des clartés de tout,*
> Mais je ne lui veux point la passion choquante
> De se rendre savante *afin d'être savante.*

(*Note des Traducteurs.*)

ou, pour mieux dire, tous nos coreligionnaires en général savent que, soit dans le courant de leur vie, soit après leur mort, ils ne peuvent jouir de l'amour de Dieu que si leur mère est satisfaite d'eux : « Le paradis est sous les talons des mères » (parole du Prophète).[1] — Sachant que, sans les femmes, nous ne pourrions exister, serions-nous donc excusables de renier les devoirs que nous avons à leur égard ? surtout quand nous avons la certitude que chacun de nous a eu une mère qui l'a conçu et enfanté avec douleur, qui l'a allaité, qui a veillé sur son sommeil et qui l'a, dans certaines circonstances, préféré à elle-même, si bien que cet être, jadis si petit, si faible et si chétif, a pu devenir un jour un homme fort, courageux, hardi et même parfois victorieux ! Voilà pourquoi l'homme est tenu de ne jamais se montrer arrogant vis-à-vis de sa mère, eût-il atteint un très haut degré de science. Que dis-je ! pour peu qu'il soit éclairé, un homme n'osera jamais montrer la moindre fierté envers sa mère, car c'est grâce à la science que l'homme parvient à savoir ce qu'il lui doit. C'est encore cette noble science qui l'empêche de désobéir à sa mère, car il sait qu'une pareille faute ne peut lui attirer que le déshonneur, le mépris de sa famille et de ses connaissances ; bien plus, en présence d'une telle conduite, sa mère peut l'éloigner d'elle, et le condamner, en lui fermant sa porte, à mener l'existence d'un vagabond. Dans le *hadith* (tradition), le Prophète répète par trois fois cet avertissement : « Dieu vous commande d'être bons pour vos femmes ; Dieu vous commande d'être bons pour vos femmes ; Dieu vous commande d'être bons pour vos femmes. » Et il ajoute : « Elles sont vos mères, vos filles, vos tantes », etc.

Le Musulman grandit dans le respect de la femme qui est sa mère et en qui il doit voir la cause de son existence. Celle-là non seulement lui a donné le jour, mais encore s'est fatiguée à le soigner dans son enfance ; aussi, le voyant arrivé à l'âge d'homme, elle le pousse à se marier, afin qu'entrant

(1) C'est-à-dire qu'un fils gagne le ciel aux pieds de sa mère, en lui obéissant.

dans la famille humaine il se trouve dans l'obligation de penser à la femme et aux devoirs qu'il a envers elle. Ainsi, il se verra naturellement contraint d'user ses forces au service de sa famille et de son ménage. Il se défendra en outre hardiment contre ses ennemis, afin de se conserver à ses enfants et à sa famille. Il gardera consciencieusement ce qu'il possède pour assurer l'avenir de ses enfants, dont la vie ne dépend que de lui ; et c'est alors qu'on pourra lui appliquer la parole du Prophète : « L'enfant est cause de l'avarice et de la peur », deux défauts auxquels l'humanité doit sa conservation.

Au contraire, si l'homme s'abstient de se marier, selon El Ghazali (philosophe arabe), tantôt il se fait accuser d'impuissance, tantôt il passe pour un libertin ou un vicieux. A l'appui de ce principe, nous rappellerons la tradition du Prophète : *Point de vie monacale dans la religion musulmane.*

En effet, un homme qui néglige de se marier, c'est un homme qui s'expose à vivre seul et, par conséquent, à ne pas penser à l'humanité, puisqu'alors, comme l'animal, il se contente de très peu. Il ne vit que pour lui-même jusqu'à la mort, et, n'ayant pas eu d'enfants, il ne laisse après lui aucune trace humaine : ce qui peut le rendre lui-même, en quelque sorte, *inhumain,* car, en agissant ainsi, il reste en dehors des liens de parenté ; à moins, bien entendu, qu'il ne se prive de tous ces plaisirs pour se livrer à la prière. Cependant, suivant le *hadith,* « celui qui se prive des plaisirs de ce monde pour goûter ceux de l'autre n'a pas plus de mérite que vous : le meilleur d'entre vous est celui qui recherche à la fois ceux de l'un et de l'autre », c'est-à-dire qui jouit des plaisirs de ce monde de telle sorte qu'il puisse goûter aussi ceux de l'autre.

Voilà ce qui fait, pour les adeptes de notre loi, l'importance de la femme dans la société. L'homme, selon la religion musulmane, est tenu de se marier afin d'agrandir l'humanité. Le Prophète, à ce sujet, a dit une parole dont voici le sens : « Mariez-vous afin de donner naissance à des enfants et de multiplier le nombre des disciples que je montrerai avec orgueil le jour de notre réunion devant Dieu. » Par suite de cette recommandation, le Coran nous dicte nombre de prescriptions favorables aux femmes; ces devoirs sont minutieusement exposés dans la tradition du Prophète, et nos jurisconsultes ont écrit des livres sur cette question dès que notre loi s'est répandue dans l'univers. Ainsi, nous lisons dans le Coran : « Vivez avec elles (les femmes) comme il convient. »

Le Prophète s'est conduit avec plus de délicatesse que personne envers les femmes et les enfants. De temps en temps, il lui semblait bon de s'amuser avec ses femmes. On raconte même qu'un jour, comme il jouait à la course avec sa femme Aïcha, celle-ci le dépassa; mais, la seconde fois, ce fut le Prophète qui gagna à son tour. Alors Mahomet lui dit : « La partie est égale, ô Aïcha. »

Pour nous donner une idée de la délicatesse du Prophète envers les femmes, la tradition nous apprend qu'un jour, ayant invité des Abyssins à venir jouer dans son logis, il pria sa femme d'assister à leurs jeux. Mais, pour qu'elle ne fût pas aperçue des spectateurs, notre seigneur Mahomet la plaça entre les deux portes de la maison, se mit devant elle, et resta ainsi debout jusqu'à ce qu'elle eût fini de contempler les joueurs. Puis, quand son épouse fut rentrée chez elle, le Prophète, s'adressant aux spectateurs, leur dit : « Le meilleur des croyants est celui qui a le plus de douceur et de délicatesse envers les femmes. Le premier parmi vous est celui qui est le plus aimable avec ses femmes, et je suis meilleur que vous vis-à-vis des miennes. »

Dans la tradition, parmi les bienfaits pour lesquels le musulman peut être récompensé, on cite même le morceau qu'il prend la peine de mettre dans la bouche de sa femme.

D'après ces principes de notre loi, il est facile de se rendre compte des droits de la femme dans l'Islam. C'est une sottise que de traiter durement les femmes, disent les savants musulmans. Le *hadith* rapporte ce mot du Prophète : « Craignez Dieu en ce qui concerne les deux faibles, qui sont la femme et l'esclave. » Ses dernières paroles furent : « Craignez Dieu en ce qui concerne les femmes ; elles vous ont été prêtées, et vous les avez reçues par conséquent comme un dépôt qui vous a été confié par Dieu. »

Ainsi que nous l'avons déjà vu, le Coran et la tradition du Prophète veulent que les hommes se marient et accomplissent soigneusement les devoirs qui leur ont été imposés par la loi musulmane en faveur des femmes. Cette loi autorise même l'homme à être polygame s'il a le moyen de faire vivre ses femmes dans une parfaite égalité ; prévoyant ce cas, Dieu a dit dans le Coran : « Si vous craignez de ne pas les contenter, n'en ayez qu'une seule. » Il en résulte que la loi musulmane, sans imposer la polygamie, la permet à celui qui a les moyens nécessaires. Pour nous en convaincre, il nous suffit de lire le noble verset du Coran que nous venons de citer et dans lequel Dieu recommande aux hommes de n'épouser qu'une seule femme, s'ils craignent de ne pouvoir satisfaire aux besoins de plusieurs. Il a en outre établi le divorce pour celui qui n'a pas pu s'acquitter de ses devoirs envers sa femme. Ainsi, dans le Coran, nous lisons le verset suivant : « Entretenez-les (vos femmes) convenablement ou congédiez-les avec bonté. » Or, la loi divine a adopté le divorce comme un affranchissement de la femme. Cependant, selon notre religion, le divorce est la pire des choses légitimes. Notre loi tolère encore la *khola.* [1] Mais tous ces principes n'ont été établis que pour sauvegarder les droits respectifs des deux époux, ceux qu'ils sont le plus intéressés à défendre.

Après nous avoir recommandé, comme nous l'avons vu, les devoirs que nous avons à l'égard des femmes, le Prophète ajoute ce qui suit : « Si un homme épouse une femme *qui n'a même pas un fil à la main,* et si cet homme a des principes religieux, ils vivront toujours ensemble, et aucun des deux ne demandera à se séparer de son compagnon. »

Voici l'explication de cette tradition, telle que nous la donne El Manaoui dans son livre intitulé *Commentaire de la tradition du Prophète :* « Dans ce passage, le Prophète a voulu dire que l'homme qui obéit à une loi religieuse, alors même qu'il épouse une femme tellement pauvre qu'elle n'a

[1] Séparation que la femme peut exiger de son mari, moyennant une somme d'argent qu'elle lui donne pour se racheter.

même pas un fil à la main, lui tient si peu rigueur de sa pauvreté, qu'il ne se sépare d'elle qu'à la mort. » Cette parole du Prophète est donc comme une prière adressée à ses adeptes de rester aussi longtemps que possible en bons rapports avec leurs femmes, et de reconnaître leurs droits, afin qu'ils puissent vivre ensemble en bonne intelligence.

Le musulman n'épouse une femme que s'il est agréé par elle. — Il est libre d'épouser une juive ou une chrétienne; dans ce cas, il autorise sa femme à garder sa foi, et lui facilite même l'accomplissement de ses devoirs religieux. — Il paye à sa femme une dot qu'elle consacre à son usage personnel. Le chiffre de cette dot n'étant pas fixé par la loi, elle est naturellement proportionnée à la fortune du mari. Omar ben El Khattab avait constaté que, de son temps, les hommes augmentaient de plus en plus le chiffre de la dot. Craignant que cette somme ne devînt si considérable que les pauvres fussent embarrassés pour la payer et réduits à l'impossibilité de se marier, il voulut enrayer cette progression; réunissant ses sujets, il leur fit part de ses idées.[1] Quand il eut achevé son discours, une femme qui assistait à cette cérémonie se leva et lui dit : « Pourquoi veux-tu empêcher les hommes d'augmenter notre dot, ô émir des croyants, alors que Dieu dit dans le Coran : *Si vous offrez à l'une d'elles un quintal, n'en ôtez rien?* » A ces paroles, l'émir, s'adressant à lui-même, s'écria : « Tout le monde est plus savant que toi en jurisprudence, ô Omar, même les femmes ! » et il revint sur sa décision; c'est ainsi que la dot est restée jusqu'ici indéterminée.

Dans le cas où l'époux a promis une certaine somme et n'a pas pu la payer entièrement, il a le droit de ne verser que la somme dont il dispose, à la condition de se reconnaître débiteur de sa femme pour le reste, et de s'engager à la payer dans un délai fixé par lui. De plus, si l'homme meurt après s'être marié, sa femme hérite du quart de son patrimoine,

(1) Suivant une coutume musulmane, toutes les fois qu'il s'est passé ou qu'il va se passer un événement important, l'émir en confère avec le peuple.

quand il ne laisse pas d'enfants; dans le cas contraire, elle ne reçoit que le huitième. Voilà, en matière financière, les droits que la femme a sur l'homme avant le mariage et après la mort de son époux.

Quels sont maintenant les droits de la femme dans la vie conjugale? — La loi musulmane prescrit à l'époux de nourrir et d'habiller sa femme en proportion de sa fortune. Abnou Assem, jurisconsulte musulman, a dit dans un vers de l'*Asmia :* « On doit dépenser pour sa femme dans n'importe quel cas », c'est-à-dire dans la pauvreté comme dans la richesse, mais en proportion des ressources de l'époux et du mérite de l'épouse. Si le mari ne peut fournir à sa femme la nourriture et les vêtements nécessaires, le cadi lui fixe un délai à l'expiration duquel il prononce le divorce, si le mari se trouve toujours dans la même situation; la femme peut donc devenir indépendante par le seul fait que son mari est incapable de la nourrir et de l'habiller.

Abnou Abi Saïdin, à qui l'on demandait ce que la femme devait faire pour son mari, répondit que, selon le rite d'Ebni el Kassem (ami de l'imam Malek), elle ne devait rien faire dans son ménage, si elle habitait avec les parents de son époux. Il ajoute qu'Abnou el Mejichoun et Asbaghoun (deux autres amis de l'imam Malek) étaient d'accord sur ce point et déclaraient même que, si la femme avait reçu une dot assez considérable, elle ne devait ni cuisiner, ni balayer, ni filer, et qu'au contraire tous les soins lui étaient dus. — Si la femme n'est pas d'une famille assez noble, elle est tenue sans doute de tenir son ménage, mais elle ne doit jamais tisser, ni filer, ni se livrer à aucun travail qui rapporte de l'argent à son mari.

Tous ces principes ont été énoncés par El Fassi dans son livre intitulé *Commentaire de la coutume de Fez.*

L'auteur d'*El Bahr* (La mer), ouvrage hanéfite, dit que le mari est tenu de fournir à sa femme le lit et les couvertures, suivant les ressources dont il dispose, sans parler de la nourriture et du vêtement.

Si elle en est digne, son mari doit lui faire servir à table, après le pain et la viande, un dessert composé de fruits et de bonbons. Il ajoute dans le même livre, d'après Abi Youssef (dans le *Ghaïat el Bayan,* Eclaircissement parfait), que, si la condition de la femme exige qu'elle ait plus d'une servante, son mari est tenu de lui en procurer autant qu'il lui en faut, et qu'il doit les payer de sa bourse.

Zahir Eddin a dit dans un livre intitulé *Ezzahiria :* « Si la femme est noble et a plusieurs serviteurs, son mari doit bon gré mal gré les lui payer », et, dans le *Faht-el-Kadir* : « Si le mari a un si grand nombre d'enfants qu'un seul domestique ne leur suffise pas, il doit leur en procurer autant qu'il en faut pour les servir. »

Donc, si la femme refuse de pétrir ou de faire la cuisine, en un mot de se livrer aux travaux du ménage, on ne l'y forcera pas ; c'est au mari de lui fournir des domestiques en nombre suffisant pour remplir tous ces offices.

Cependant, tous nos jurisconsultes s'accordent à reconnaître que ces travaux incombent à la femme, si l'on se place au point de vue religieux, c'est-à-dire que, si une femme craint Dieu, elle doit éviter d'induire son mari en dépense et, par suite, se charger des soins du ménage. Mais le cadi, suivant la jurisprudence du *Châra,* n'a pas le droit de lui en faire une obligation, et cela, parce que le Prophète, quand il donna sa fille à Ali Abnou Taleb et leur distribua leur tâche à tous deux, assigna les occupations extérieures à son gendre et les travaux de la maison à sa fille.

D'après ces principes, il est facile de se rendre compte de la place qu'occupe la femme dans la société musulmane. L'homme doit, dans sa conduite envers sa femme, se conformer aux ordres du cadi quand, pour une raison quelconque, les deux époux comparaissent devant lui afin d'être réconciliés. Quant à la femme, ainsi que nous l'avons dit, elle est obligée par la religion de se livrer elle-même aux soins du ménage, et le cadi, nous le répétons, ne peut la contraindre à le faire. Ainsi, la femme s'occupera plus ou moins du ménage suivant son degré de piété. En tout cas, c'est à elle que la loi musulmane a confié ces travaux ; dans ce domaine, elle est libre de ses actes, et, partant de ce principe, le fondateur de la religion musulmane l'a considérée comme digne, en toute circonstance, d'une confiance absolue. Il a dit dans le Coran : « Il ne leur est pas permis (aux femmes) de cacher ce que Dieu a mis dans leur sein. »

Selon Salomon, « la femme sage bâtit sa maison, et la femme vicieuse la détruit ».

Un poète arabe a dit à ce propos : « Si, dans la demeure de l'homme, il n'y a pas une femme assez fidèle pour bien diriger son ménage, cette demeure perd sa réputation. »

Mais, dira-t-on, d'après le Coran, la femme musulmane doit être élevée dans la crainte des coups et de la répudiation. A cela, je réponds que la loi musulmane est la même pour l'homme et pour la femme. Si celle-ci commet une faute telle qu'elle mérite d'être battue, la loi musulmane exige qu'on la batte ; si elle mérite d'être mise à mort, on n'hésitera pas à la faire périr. En un mot, je vois que, selon notre loi, la femme doit subir, si elle les mérite, les châtiments dont un homme peut être passible lui-même. D'ailleurs, je ne crois pas que ces dispositions soient particulières à la loi musulmane ; je suppose que toutes les lois et tous les codes antiques ou modernes s'accordent sur ce point avec elle ; quoi qu'il en soit, nous ne devons pas nous attarder sur cette question, qui est étrangère à notre sujet, puisque nous nous proposons de parler des droits de la femme dans sa condition ordinaire.

Le Prophète a dit dans un *hadith* : « Voulez-vous savoir quel est le meilleur trésor qu'un homme puisse posséder ? C'est une femme honnête. Elle charme ses yeux, obéit à ses ordres et garde sa réputation intacte pendant son absence. »

Une femme dit au Prophète : « O Prophète de Dieu, quels sont les droits de l'homme sur sa femme ? » Le Prophète répondit : « La femme ne doit pas sortir de chez elle sans l'autorisation de son mari. » Ainsi, le chef de la religion musulmane n'a imposé à la femme qu'un devoir : c'est de n'avoir des relations qu'avec son mari et de rester chez lui. Cette obligation, en effet, est de nature à assurer la perpétuité de la vie commune, et c'est cette considération qui justifie l'usage du voile, que la religion musulmane recommande aux femmes. Le Coran dit : « Elles ne doivent faire voir leur beauté qu'à leurs parents et doivent laisser tomber leur voile sur leur poitrine. »

C'est ce qui explique que le voile soit en grande faveur chez les musulmanes, qui le considèrent comme un signe de leur parfaite honnêteté : elles sont fières de cet usage, qui est si bien entré dans les mœurs, que les femmes qui ne s'y conforment pas sont considérées comme atteintes dans leur honneur et que leurs enfants en supportent les conséquences. Si l'on recommande l'usage du voile à la femme musulmane, ce n'est pas par défiance : on veut seulement prévenir jusqu'au moindre soupçon qui pourrait planer sur sa réputation. Cet usage contribue à empêcher que la jalousie, si naturelle à l'homme, lui fasse concevoir des soupçons mal fondés. Il ne laisse du moins aucune excuse à la jalousie.

Un *hadith* dit ceci : « Il y a une jalousie que Dieu réprouve, c'est la jalousie qu'un homme conçoit à l'égard de sa femme quand elle est à l'abri du soupçon. » Eh bien ! le voile est le meilleur obstacle à l'éclosion de cette jalousie.

La religion ne commande pas à la femme de se soustraire aux regards de tous ses parents. Elle ne doit pas non plus se cacher devant l'homme qui la demande en mariage : il peut voir sa figure et ses mains. D'après la physiognomonie arabe, on peut déduire de ces deux parties du corps le caractère de la personne.

Le prétendant peut ainsi apprécier, sans crainte de se tromper, le caractère de la jeune fille, et ce moyen le dispense de lui faire la cour avant le mariage.

La femme ne doit pas non plus se voiler devant son professeur pendant la leçon ; c'est une preuve de l'intérêt que l'on porte à l'instruction de la femme.

Elle montre également au médecin les parties de son corps qu'il a besoin de voir pour déterminer le traitement à suivre.

La femme ne se voile pas non plus devant le cadi, ni devant le notaire, quand ils sont dans l'exercice de leurs fonctions, aucun soupçon ne pouvant se produire alors.

Ces restrictions faites, les femmes musulmanes honnêtes et de bonne famille se font un devoir de porter le voile, et se rendent ainsi agréables à leurs maris.

Asmaou bent Khârijah fit les recommandations suivantes à sa fille, au moment de la marier : « Tu sors du nid qui t'a vu naître pour aller dans un lit que tu ne connais pas, et pour habiter une maison qui ne t'est pas familière ; respecte ton mari, et il t'honorera ; sois tendre pour lui, et il te protègera ; considère-le comme ton maître, et il se considèrera comme ton esclave ; ne l'accable pas de prévenances, de crainte qu'il ne te méprise ; et ne t'éloigne pas de lui, de peur qu'il ne t'oublie ; s'il se rapproche de toi, empresse-toi auprès de lui ; et s'il fuit ta compagnie, garde-toi de courir après la sienne. Evite d'offusquer l'odorat, l'ouïe ou les regards de ton mari. Il faut que ton parfum lui plaise, que tu sois belle à ses yeux et que tu ne lui fasses entendre que de bonnes paroles. »

Une femme qui possède ces qualités inspire à son mari un plus grand amour. C'est pourquoi un père qui veille à ce que sa fille acquière des qualités qui doivent lui être si utiles auprès de son mari, remplit le même devoir qu'en assurant l'avenir de son fils.

Les savants musulmans estiment que le père a vis-à-vis de son enfant des devoirs à remplir. Ces devoirs se ramènent à quatre prescriptions essentielles : on doit choisir d'abord sa femme dans une famille honorable, pour qu'elle soit bonne mère ; donner ensuite un nom agréable au fruit de son hymen ; lui faire connaître le Livre sacré de Dieu, lui apprendre à nager et à tirer de l'arc, si c'est un homme ; lui enseigner le chapitre d'*Ennour,* dans le Coran, si c'est une femme ; enfin, marier sa fille dès qu'elle est nubile.

Ibnou Ennajar nous rapporte les paroles suivantes de Abi Houraïrat : « Le Prophète recommande à tout musulman marié d'apprendre à son fils à écrire, de le marier dès qu'il atteint l'âge de puberté, de lui donner un nom agréable et une bonne éducation. »

« O mortels ! nous dit Amor Ibnoul Khattab, apprenez à vos fils à écrire, à nager, à tirer de l'arc ; faites-les monter à cheval et enseignez-leur les plus belles poésies. Quant à vos filles, la meilleure chose que vous puissiez leur apprendre, c'est à filer. »

Notre seigneur Mahomet nous dit encore : « Bien manier la plume, coudre, monter parfaitement à cheval, telles sont les conditions indispensables qu'un enfant doit remplir pour arriver à la perfection. »

Ainsi, comme on le voit, sous la forme d'un conseil, le Prophète nous ordonne d'apprendre à nos fils à écrire, et à nos filles à filer, sans nous défendre toutefois de faire aussi l'inverse, c'est-à-dire de prescrire le filage aux hommes et l'écriture aux femmes.

Quoi qu'il en soit, je ne dois pas vous laisser ignorer que, si notre sage Prophète a choisi pour les filles le filage et non l'écriture, c'est qu'il a trouvé — ce qui est parfaitement vrai — qu'il leur est, moralement, moins pernicieux et plus profitable.

El Hakem nous fait connaître aussi ce mot, attribué à Mahomet par Aïcha : « Ne les logez pas dans des appartements élevés, et ne leur enseignez pas l'écriture ; apprenez-leur le chapitre d'*Ennour,* dans le Coran, et le filage. »

Toujours à propos des femmes, El Hakem Ettirmidhi nous rapporte un mot semblable, qu'il attribue à Ibnou Massâoud, et qui nous défend aussi de loger nos filles aux étages supérieurs et de leur apprendre à écrire.

Puisque nous étudions ici ces différents *hadiths* et les opinions diverses énoncées par plusieurs savants jurisconsultes, faut-il admettre ou rejeter l'idée d'abolir pour la femme l'enseignement de l'écriture ?

Un savant distingué, El Hafedh Ibnou Hajr, juge que tous ces problèmes sont à la fois solubles et insolubles, car ils dépendent de l'état intellectuel et moral de la femme. En effet, dit-il, avant d'examiner s'il est utile et même nécessaire d'exclure l'écriture du programme de l'enseignement féminin, il faut d'abord bien étudier la femme à qui l'on doit accorder sa confiance, et avoir l'assurance que cette étude est incapable de la corrompre.

Toutes ces précautions ont leur raison d'être : l'écriture est, pour les filles, un instrument dangereux, qui ne peut que leur nuire, car elles ne l'emploient la plupart du temps qu'au service de leurs inclinations ou de leurs passions. De même, logées aux étages supérieurs, elles risquent de se corrompre, pour des raisons analogues. S'ils n'avaient pas aperçu ces inconvénients, les savants ne nous auraient pas conseillé de ne pas apprendre aux femmes à écrire et de ne pas les loger aux étages supérieurs, car enfin aucune de ces deux choses n'est défendue par la loi musulmane. Bref, toutes ces opinions découlant d'une saine philosophie, les savants musulmans sont unanimes à les approuver.

D'après les *hadiths,* « celui qui donne à sa fille une bonne éducation, qui la nourrit de son mieux, et qui la comble de tous les biens que Dieu lui a accordés, aura dans l'autre monde une récompense divine : deux protecteurs fidèles, l'un à sa droite et l'autre à sa gauche, l'éloigneront de l'enfer pour le conduire au paradis. »

Avant la venue du Prophète, tous les habitants de La Mecque connaissaient parfaitement l'écriture arabe. Ils devaient cette science à Harb Ibnou Oumayah, qui l'avait reçue lui-même des peuples du Haïrah (dans l'Yémen), lesquels la tenaient des Ambars. Même en un siècle si peu civilisé, cet art fit de rapides progrès ; il prit même un tel développement, que toutes les femmes de La Mecque, citadines et villageoises, y excellèrent.

L'écrivain le plus remarquable de cette époque, celui qui fit honneur entre tous aux deux *plumes* arabe et persane, s'appelait Adiyou Ibnou Zaïd Ibnou Hammad ; il dut à son talent et à son habileté dans cet art d'être attaché au service de Kisnah, roi de Perse.

Tandis que ceci se passait à La Mecque, et que la littérature arabe, prenant un essor extraordinaire, s'y développait de plus en plus, les habitants de Médine, indifférents à cet art, se laissèrent distancer.

Mouslem nous rapporte un mot que prononça le Prophète, quand le Coran commença à lui être révélé : « Ne notez rien de ce que je dis en dehors du Coran. » Et il avait doublement raison de le dire, car il craignait qu'on ne confondît les paroles de Dieu avec les siennes.

Plus tard, Mahomet prescrivit avec énergie au monde musulman tout entier l'enseignement de l'écriture. « Enchaînez la science avec l'écriture », [1] disait-il, et, comme un homme venait se plaindre à lui de sa mauvaise mémoire, il répondit : « Aidez-la de votre droite », la *droite* signifiant ici la *plume ;* or, l'écriture employée étant alors l'arabe, c'est probablement celle que le Prophète a voulu désigner par là.

Le Coran, on le sait, nous a été transmis en arabe ; tout musulman est obligé d'apprendre les règles sages et purement arabes qu'il édicte, et personne (Dieu en soit loué !) ne manque à ce devoir sacré ; c'est avec raison, car ce livre est le seul qui soit indispensable à tout musulman ; cette étude est, pour ainsi dire, une condition de l'islamisme, et une condition essentielle, croyez-le bien.

Maintenant que nous avons parlé des devoirs que Dieu impose aux femmes, revenons aux paroles de son Prophète ; nous en citerons une qui est bien connue et qui contient en substance toutes les conditions de la naturalisation arabe, telles qu'elles sont admises encore de nos jours par notre loi. La voici : « Celui qui parle la langue arabe, qui pratique la religion des Arabes, qui se soumet à ses lois et s'incline devant elles, est un Arabe ; il ne nous est plus étranger et fait partie de nous-mêmes. »

Vous voyez donc que la naturalisation chez les Arabes n'est délivrée qu'à ceux qui ont adopté leur langue, leurs lois et leur religion ; telle est la règle observée jusqu'à nos jours dans tous les pays musulmans.

Pendant son règne, Amor Ibnou Khattab réunit des enfants et les conduisit auprès d'Amor ben Abdallah el Khazayi pour qu'il les instruisît ; il lui accorda des honoraires payés par le Bit-el-Mal (trésor musulman). Après avoir pris cette excellente mesure, il fit un grand voyage à travers la Syrie ;

(1) Pour éviter qu'elle n'échappe.

alors conquise par les Arabes, et, à son retour — c'était un jeudi — tous les jeunes garçons vinrent à sa rencontre pour fêter solennellement son arrivée. Ce fut vraiment un spectacle admirable que celui du khalife entrant à Médine avec cette escorte de jeunes gens qui, dans leur joie de le voir, faisaient éclater à ses yeux toute leur allégresse. Comme cela se passait le vendredi, Amor, après avoir fait sa prière, prononça une petite allocution dans laquelle il remerciait ces jeunes étudiants du bon accueil qu'ils lui avaient fait et de leur aimable conduite à son égard ; pour les en récompenser, il leur donna comme vacances le jeudi et le vendredi, qui sont restés les jours de congé des écoles musulmanes jusqu'à maintenant.

Avant cette époque, le zèle de notre seigneur Mahomet pour l'enseignement du Coran et de l'écriture était déjà très grand. On peut s'en rendre compte en lisant les traditions qui recommandent l'étude du Coran et en considérant la science des compagnons de Mahomet, très versés dans la jurisprudence.

A la suite d'un combat livré près de la montagne de Beder, plusieurs Mecquois ayant été faits prisonniers, Mahomet infligea à quelques-uns d'entre eux une rançon en espèces qu'il détermina lui-même. Voilà pour les riches ; les autres prisonniers, trop pauvres pour payer cette rançon, furent obligés d'enseigner l'écriture à dix jeunes garçons de Médine. Ceux qui remplirent ces conditions furent mis en liberté. C'est ainsi que Zaïd ben Thabet apprit à écrire, à ce que raconte Youssef el Beloui.

Dans son livre intitulé *Sahih,* Boukhari nous apprend qu'un jour Mahomet, mariant un homme, le dispensa de donner une dot à sa femme, à la condition qu'il lui apprendrait tout ce qu'il savait du Coran.

Ainsi, obliger des prisonniers de guerre à donner des leçons d'écriture pour s'affranchir de la rançon qu'ils avaient à payer, — et un mari à instruire sa femme dans le Coran, au lieu de lui donner une dot : ce sont là deux commandements d'une philosophie profonde, et qui n'ont pas peu contribué à développer l'enseignement de l'écriture arabe et du Coran.

Nul n'ignore que les obligations légales s'imposent au même titre aux hommes et aux femmes, et que, par conséquent, une femme qui ignore les lois divines commet une faute inexcusable.

Rappelez-vous cette parole de Dieu : « Prenez conseil des personnes éclairées, si vous êtes dans l'ignorance. » Dans le *Sahih* de Boukhari, on lit : « Des femmes vinrent un jour à Mahomet, et lui dirent : Seigneur, vous nous êtes toujours enlevé par les hommes ; consacrez-nous au moins une de vos journées. — Le Prophète leur promit alors de venir un jour leur adresser quelques exhortations et, fidèle à sa promesse, il se trouva au rendez-vous le jour indiqué, les exhorta à faire le bien et à éviter le mal, et leur donna différents préceptes.

Craignant d'avoir été mal entendu, (1) l'envoyé de Dieu sortit une autre fois, accompagné de Bilal, et leur fit de nouveau plusieurs recommandations, leur ordonnant, entre autres choses, de faire l'aumône ; et, comme ses ordres étaient toujours écoutés, elles ne manquèrent pas de jeter jusqu'à leurs boucles d'oreilles et à leurs bagues. Bilal s'empressa de ramasser ces bijoux et de les mettre dans son vêtement.

Aïcha a dit : « Heureuses les femmes des Ançars ! (2) la pudeur ne les empêche pas de s'instruire des choses de la religion. »

D'ailleurs, tout musulman doit instruire sa femme et, d'après les *hadiths*, le plus grand péché que l'homme puisse commettre, aux yeux de Dieu, c'est de négliger l'instruction de sa femme. Aussi le Coran dit-il à ce sujet : « O croyants ! prenez garde de tomber en enfer, vous et les vôtres ! » Et Ibnou Abbas, parlant aussi des membres de notre famille, nous dit : « Protégez-les et instruisez-les. »

L'instruction ne s'acquiert pas seulement par l'écriture, mais aussi par la mémoire et la dictée orale.

(1) Dans les réunions religieuses et, de nos jours encore dans les mosquées, les femmes se placent derrière les hommes pour ne pas être vues.

(2) Les *Ançars* furent les premiers soldats du Prophète et firent avec lui la conquête de La Mecque.

Sans doute, l'écriture est pour elle un auxiliaire précieux, mais on peut l'ignorer, sans cesser pour cela d'être honnête.

Les jurisconsultes, au chapitre du *témoignage,* ont étudié la question du renouvellement, en présence du cadi, de la déposition des *lafifs* [1] et des témoins qui ne savent ni lire ni écrire. Ils ont pensé que la question se posait, ces témoins étant incapables de s'assurer par eux-mêmes du contenu d'un acte notarié ; plus d'une personne sachant lire se trouve d'ailleurs dans le même cas. Toutes ces idées se trouvent développées dans l'étude du cheikh El Fessi sur le témoignage des *lafifs.*

Le rite malékite, en matière d'instruction, et d'aprés les décisions juridiques d'Aboul Hassen el Ilmi, extraites du *Livre du maître et des étudiants,* de Aboul Hassen el Khabsi, admet la règle suivante :

« Si un enfant en tutelle possède une fortune suffisante, son tuteur est tenu de lui faire donner l'instruction, le pupille en supportant les frais. Cette charge peut être assignée au cadi de la ville où habite l'enfant, et à l'ensemble des musulmans, s'il n'y a point de cadi. »

« Si l'enfant est sans fortune, on fait appel à ses plus proches parents, qui supportent les frais de son éducation.

« Tout musulman doit enseigner au nouveau converti ce qui est nécessaire pour faire la prière.

« Les tuteurs doivent aussi apprendre la prière aux garçons ou aux filles placés sous leur tutelle. »

Revenons maintenant à l'éducation des filles ; Aboul Hassen el Ilmi nous dit ceci : « S'abstenir d'apprendre à une fille l'écriture, la poésie, la composition, c'est l'empêcher de se dépraver. » Sidi Khlil nous dit aussi dans son commentaire d'Ibn el Madani : « Il vaut mieux s'abstenir d'enseigner l'écriture aux femmes. »

Le jurisconsulte Aboul Hassen el Ilmi admet parfaitement

(1) On appelle *lafifs* les témoins dont le cadi reçoit la déposition, malgré leur mauvaise réputation, à défaut d'autre témoignage. Le cadi contrôle leur première déposition, faite devant un notaire, en les faisant comparaître une seconde fois en sa présence.

la nécessité de l'instruction des femmes. — Pourtant, dira-t-on, il leur a interdit l'écriture, la poésie, la composition. — Sans doute, mais à un point de vue *moral,* et non *légal;* et cette préoccupation s'explique par le fait que ces études renferment un élément pernicieux qui peut gâter l'esprit et le caractère d'une fille. Ces matières sont aussi éliminées des programmes d'études élémentaires, pour cette même raison qu'elles peuvent être nuisibles, moralement, à un débutant.

Ibnou Madani raconte à ce sujet qu'il y eut autrefois un homme qui apprit à son fils l'art de la composition arabe avant le Coran; lorsqu'il voulut le lui faire étudier, dans la suite, le *Moueddeb*(1) lui dit : « Votre fils a commencé par apprendre le langage de la galanterie et de la poésie; comment espérez-vous aujourd'hui remédier au mal en lui faisant apprendre le Coran? »

On voit par là que c'est un mal d'enseigner l'art de la composition à un débutant; jugez si le mal s'aggrave quand on y joint d'autres matières dont l'étude lui est encore inutile!

Au dire d'Amor Ibnou Khattab, « Dieu n'instruit jamais celui que le Coran n'a pas instruit. » C'est ce qui explique pourquoi l'on aime mieux apprendre aux femmes la sourate du Coran *Ennour,* que celle de Joseph. C'est que la première traite du mérite de l'obéissance et des règles de l'étiquette arabe, tandis que la seconde parle de la passion, de l'amour qu'inspire la beauté, etc. Une femme qui lirait les deux chapitres retirerait sans doute de meilleures impressions du premier que du second. Quoi qu'il en soit, n'oublions pas que ces deux sourates font également partie de notre saint et noble Coran, qu'elles se chantent textuellement à la prière, et que tous ceux qui les récitent, hommes ou femmes, en seront récompensés par Dieu.

Telle est la croyance exacte à laquelle tout musulman doit se conformer strictement. Toutes ces dispositions règlent parfaitement la marche de l'enseignement primaire; elles

(1) Littéralement, l'*éducateur,* c'est-à-dire celui qui donne l'éducation par excellence, celle du Coran.

nous imposent le devoir de préserver l'homme ou la femme du mal qui pourrait les atteindre.

D'ailleurs, si l'étudiante est une personne chaste, sage et digne de confiance, pourquoi négligerait-elle l'écriture et les autres études dont nous avons parlé? Ce n'est pas un crime de lui enseigner des matières qui pourront l'aider à acquérir d'autres connaissances, tout à fait obligatoires pour elle. Tout cela est permis, pourvu que son éducation n'en souffre pas et qu'il n'en résulte aucune corruption. D'ailleurs, ces précautions sont bien conformes à l'esprit de l'enseignement élémentaire; le cœur le mieux préparé à recevoir de bons principes, c'est un cœur pur, qu'aucune mauvaise éducation n'a corrompu.

Regardez en arrière et voyez les compagnes de Mahomet; n'ont-elles pas appris à écrire? n'ont-elles pas, à leur tour, communiqué leur science à quelques-unes de leurs contemporaines? Ce que nous avançons là est absolument exact et vous sera confirmé par la citation suivante d'Abou Daoud: « Ecchifaou, fille d'Abdallah, raconte qu'un jour qu'elle rendait visite à Hafsah, Mahomet entra et lui dit: « Apprends-lui le texte qu'il faut réciter pour guérir les petites pustules, *comme tu lui as appris l'écriture.* » Les savants de ce siècle, comme El Khim, Eddehbi, etc., se sont appuyés sur cette tradition pour étendre aux femmes l'enseignement de l'écriture. En effet, Aïcha et Hafsah, épouses du Prophète toutes les deux, savaient parfaitement écrire, et Aroua a pu dire avec raison: « Je n'ai jamais vu une personne plus instruite qu'Aïcha (puisse-t-elle être agréable à Dieu!) en matière de Coran, de jurisprudence, de poésie et d'histoire arabe. »

Aussi, les *hadiths* du Prophète rapportés par des femmes sont-ils nombreux, et beaucoup de savants musulmans ont-ils répété ces *hadiths* d'après la version de ces femmes. D'autres ont composé des ouvrages sur cette matière; parmi eux, nous citerons les *Hadiths rapportés par des femmes*, recueil de ces traditions qui doivent à des femmes de nous avoir été conservées.

La fille de Saïd Ibnou el Moussayeb apprenait par cœur

tout le Coran et connaissait la *Sounna*[1] mieux qu'aucun de ses contemporains.

Sakinato, fille de Husseïn, était très versée dans la jurisprudence et la littérature arabes ; aussi avait-elle de fréquentes discussions littéraires avec les poètes de son temps. La fille de l'imam Malek possédait à fond la jurisprudence musulmane ; on raconte même que, toutes les fois que son père donnait une leçon d'*El-Maouatta*,[2] elle se mettait derrière la porte de la salle pour savoir ce qui se passait à ses cours. Chaque fois qu'un étudiant faisait une faute en récitant sa leçon, elle frappait à la porte pour avertir son père que l'élève s'était trompé. Immédiatement, Malek s'écriait, en s'adressant à celui-ci : « Reprenez ce que vous avez dit, car vous vous êtes trompé. »

Abnou Abi Zamra avait enseigné à sa femme la moitié d'*El-Maouatta* et tout le livre d'Ibn Abi Zaïd ; il lui avait même fait apprendre par cœur tout le Coran.

Enfin, si nous voulions citer les noms de toutes les femmes célèbres pour leur connaissance du droit et de la littérature arabes, nous nous trouverions dans la nécessité de consacrer un livre entier à cette énumération.

Ce n'est pas seulement dans l'antiquité qu'on a donné des leçons de morale aux femmes ; c'est encore l'usage pour celles qui appartiennent à la noblesse. A Tunis, le cheikh El Harkâfi, le plus célèbre des savants tunisiens, avait appris à la fille d'Othman-Dey à réciter et à chanter tout le Coran. Le livre saint et l'écriture, jusqu'à nos jours, n'ont pas cessé d'être enseignés par des institutrices dans la plupart des maisons beylicales et des familles lettrées ou nobles, par imitation des femmes instruites que nous venons de citer ; la tradition s'est donc perpétuée jusqu'à l'heure actuelle et forme comme une chaîne ininterrompue.

D'autre part, il y a des gens qui ne veulent pas instruire leurs filles ou leurs femmes et refusent d'accomplir ce devoir

(1) Ensemble des paroles et des exemples du Prophète, en dehors du Coran.

(2) *La Route aplanie*, traité de jurisprudence de l'imam Malek.

pour des raisons personnelles que nous n'avons pas à examiner; nous n'avons pas le droit de les blâmer. En tout cas, nul ne doute que, pour une fille surveillée, l'instruction ne soit un avantage. En effet, d'après ce qui précède, il est clair que la loi musulmane exige de la femme qu'elle s'instruise et lui recommande d'aider son mari en s'occupant à tisser, à filer, à coudre, etc. Elle enjoint d'autre part à l'homme d'aider sa femme dans les soins du ménage. Selon Boukhara, le Prophète assistait les siens dans les travaux de la maison, chaque fois qu'il se trouvait chez lui.

Dans le *Naouader,* Belkassem nous dit que, d'après El Otbia, Malek et ses amis étaient d'accord sur ce point : c'est que toute femme ayant un métier, qu'elle fût tisseuse, fileuse, etc., devait partager le revenu de son travail avec son mari, son fils, son père, son frère, ou toute autre personne lui ayant fourni les éléments nécessaires à ce travail. Cette loi a été transcrite par El Fassi dans son ouvrage intitulé *El-Amaliat* (coutume locale). Il en résulte que la femme peut disposer d'une partie au moins de son salaire. On ne l'empêchera pas de se livrer à des travaux manuels pour gagner de l'argent, une fois qu'elle aura rempli tous ses devoirs envers son mari, ni de s'occuper de bonnes œuvres, de faire la charité, de répandre ses aumônes. Le *Châra* prend son témoignage en considération quand il s'agit d'une affaire qui la concerne; il est valable, légalement, et le tribunal peut se fonder là-dessus pour prononcer son jugement. En règle générale, le témoignage de deux femmes et d'un homme suffit dans toute affaire, quel que soit le sexe des personnes intéressées. En cas de divorce, la femme a le droit d'élever ses enfants, mais pendant un temps déterminé. Elle préside les *habous,* si telle est la volonté du *mohabes.* [1]

En ce qui concerne les cérémonies religieuses, les femmes peuvent, avec l'autorisation de leur mari, assister à la prière dans la mosquée, et, en particulier, à celle qui a lieu le vendredi de chaque semaine.

(1) Le *mohabes* est le propriétaire qui déclare ses biens *habous.*

Elles vont en pèlerinage à La Mecque.

Un jour, suivant la tradition, un homme vint dire au Prophète que sa femme était allée en pèlerinage à La Mecque, et que lui, il s'était inscrit[1] au nombre des combattants. — Tous nos jurisconsultes s'accordent à reconnaître que l'homme est libre d'emmener avec lui sa femme à la guerre ; elle a droit alors à une petite portion du butin ; si elle participe au combat, elle a droit à une part entière. Le rôle de la femme, à la guerre, consiste à soigner les blessés, à porter de l'eau aux combattants, à remettre en place les membres fracturés, à bander les blessures et à les guérir. La tente de Rafida est le premier endroit où l'on ait soigné les blessés dans la guerre de l'Islam ; elle les y transportait et leur prodiguait elle-même ses soins. Parmi les femmes musulmanes, il y a eu d'excellents médecins, et surtout d'habiles sages-femmes : cette dernière science leur est indispensable, car, selon notre loi, une femme seule peut exercer ce métier ; toutefois, si l'on ne parvient pas à trouver une sage-femme, un homme peut remplir cet office. Pour convaincre ceux qui en doutent que les femmes, chez nous, défendent énergiquement leurs droits, je vais vous raconter l'histoire d'une femme qui fut députée au Prophète, dans les commencements de l'Islam, par plusieurs musulmanes. Cette histoire, en nous montrant ce qui s'est fait jadis, prouve à un esprit réfléchi que la femme mérite

(1) Pour rendre son idée, l'auteur s'est servi d'un verbe arabe *(actataba)* qui veut dire, littéralement, « s'inscrire sur un registre à la cour du roi », et, pour préciser le sens de ce verbe, il a eu soin de citer la tradition suivante du Prophète, d'après Abni Omar : « Celui qui s'est inscrit sur le registre de la cour royale (*actataba*) parmi les infirmes, se réunira aux infirmes, le jour de la résurrection. » Cette parole, ajoute l'auteur, s'adresse à ceux qui s'inscrivaient sur le registre royal comme invalides, sans avoir aucune infirmité ; car on accordait jadis une solde à tout homme qui s'inscrivait au nombre des combattants, et si, en temps de guerre, cet homme était reconnu incapable de combattre, pour une infirmité quelconque, on l'inscrivait sur le registre des invalides ; il était dispensé du service, tout en continuant à toucher sa solde. Ce principe se trouve énoncé dans le livre d'Abi Mandzour intitulé *Lissan el Arab* (Langue des Arabes) : ce qui nous prouve que la *retraite* existait déjà chez les Musulmans à l'origine de l'Islam.

quelque considération. Enfin, non seulement elle nous révèle les droits de la femme, mais encore elle nous apprend que l'homme doit apporter une certaine délicatesse dans l'accomplissement de ses devoirs envers elle.

Ali el Koufi raconte dans son ouvrage intitulé *Kitab Ettassalli* (Livre du divertissement), qu'Isma, fille de Yazid el Ansaryah, descendant d'Abd el Achhal, vint trouver un jour le Prophète (que la bénédiction de Dieu soit sur lui !) et lui dit : « O Prophète de Dieu ! puissent mon père et ma mère attirer sur eux les dangers que vous pourriez courir ! Nombreuses sont les femmes qui m'envoient vers vous ; sachez même qu'il n'est pas une femme d'Orient ou d'Occident, connaissant ou non l'objet de mon voyage, qui ne soit d'accord avec moi sur ce que je vais vous dire. Dieu vous a envoyé pour répandre la vérité parmi les femmes comme parmi les hommes. Nous avons cru en vous et en Celui dont vous êtes l'Envoyé. Quoique privées de tout, c'est nous qui gardons vos demeures, qui donnons satisfaction à vos désirs, qui mettons au monde vos enfants. Et vous autres hommes, vous profitez des avantages que procure la prière hebdomadaire, (1) la prière en commun, (2) le soin des malades, la participation aux funérailles, les pèlerinages, et surtout les combats, plus avantageux encore que le reste. Bien plus, si l'un de vous part pour le pèlerinage ou le combat, c'est nous, les femmes, qui gardons ses biens, qui filons la laine pour lui faire des habits, qui élevons ses enfants. En considération de ces bienfaits, ne nous laisserez-vous pas partager avec vous la rétribution dont l'Eternel Miséricordieux doit payer vos services ? »

A ces mots, le Prophète se tourna vers ses compagnons et leur dit : « Avez-vous jamais entendu question plus importante que celle que cette femme vient de me poser ? » Puis, s'adressant à la femme, il lui dit : « Partez, ô femme, et dites à tous ceux que vous rencontrerez sur votre chemin, hommes ou femmes, qu'en accomplissant ses devoirs envers son mari,

(1) Prière qui a lieu le vendredi de chaque semaine dans la mosquée.
(2) On a plus de mérite à prier en commun qu'à prier seul.

et en le soignant dans ses maladies, en un mot, en se rendant agréable à lui, une femme peut égaler toutes les bonnes actions que font les hommes pour être récompensés de Dieu. »

Alors cette femme, toute joyeuse, partit en proclamant l'unité et la grandeur de Dieu, et en répétant à tous ceux qu'elle rencontrait les paroles qu'elle tenait du Prophète.

Puissent les femmes jouir d'une constante félicité ! Et nous, hommes, puissions-nous ne leur faire entendre que des paroles qui leur soient agréables !

TUNIS — IMPRIMERIE RAPIDE (LOUIS NICOLAS ET Cie)

www.ingramcontent.com/pod-product-compliance
Ingram Content Group UK Ltd.
Pitfield, Milton Keynes, MK11 3LW, UK
UKHW031057260726
13965UKWH00006B/1609

9 782012 831421